JN410925

평화는 경건한 자리에 있다

유나영 시집

인지
생략

들꽃시선 130
평화는 경건한 자리에 있다

지은이/유나영
펴낸이/문창길
초판인쇄/2016년 05월 15일
초판펴냄/2016년 05월 20일
펴낸곳/도서출판 들꽃
주 소/100-273 서울 중구 서애로 27(필동3가) 서울캐피탈빌딩 B202호
전 화/02)2267-6833, 2273-1506
팩 스/02)2268-7067
출판등록/제2-0313호
E-mail:dlkot108@hanmail.net

값 8,000원
* 파본된 책은 바꾸어 드립니다.

ISBN 978-89-6143-190-3 03810
ISBN 978-89-951327-0-8(세트)

들꽃시선 130

평화는 경건한 자리에 있다

유나영 시집

들꽃

| 자서 |

시집 『평화는 경건한 자리에 있다』를 엮으면서 우리가 살아온 시대의 삶이 무엇이었던가 그렇게 되뇌어 본다. 한 권의 책을 편집하는 동안 과연 내가 시인의 대열에 끼어서 자기적 사고의 내용을 전달해 왔는가 그렇게 묻게 될 때 나는 가끔 숙연 할 수밖에 없다. 시대가 그렇고 내가 살아온 세월이 그러할 진데 때로는 우울할 수밖에 없는 것 같다.

오늘의 시가 과연 시대의 길잡이가 되어 있는 지 반문하면서 언어의 자기적 충실이 무엇인가 되뇌어보고 깊이 생각하게 된다. 이번 시집 몇 편의 작품은 시대를 사는 사람에게 아픔을 준 기억의 일단을 시로 엮어 보았다.

끝으로 시집을 엮으면서 변화하고 변모하는 시의 축대가 세워져야겠다는 생각을 갖게 된다. 출판사 문창길 대표님과 편집진 여러분께 감사의 말씀도 같이 드리고 싶다.

2016년 봄

유나영

| 평화는 경건한 자리에 있다 |

차례

제1부 유년의 자리

| 평화는 경건한 자리에 있다 |

제2부 고향연가

| 평화는 경건한 자리에 있다 |

제3부 개울가에서

| 평화는 경건한 자리에 있다 |

제4부 처마 밑에 매달린 정

제1부

유년의 자리

우리들의 평화를 위하여

여명의 깃발이면 한다
아름다운 삶의 높이를 위한
우리들의 찬란한 기도이면 한다

마침내 종이 울리듯이
평화를 위해
사랑의 기도를 눈여겨보아야 하듯이
우리들의 손은 눈부셔야 하고
꿈과
맑고 고운 삶의 터를 위하여
비상하여야 한다

비가 내린다 하면 어떠하랴
우리들의 평화를 위한 간곡함이 있다면
눈보라 친들 어떠하랴

종래는 거두어야 할 평화의
높은 광장을 향하는데

고난의 늪이면 어떠하랴

정갈한 숨결로 가다듬으면서
경건한 충고를 받아들고
비둘기 하늘 오르듯
영광의 나래위에서
노동이 반복되면 어떠하랴

침묵하다가
침묵을 깨게 되는 건
끝없는 영광의 자리가 있기 때문이다
우리들의 지향을 두고
경건한 몸짓으로
우리들은 여명의 깃발을 흔들기 때문이다
사뭇 빛날
오래고 긴 침묵의 끝에
맞이해야 할 평화를 위하여 손을 흔들어야 한다

어느 거목의 목가시인에게

어느 전원의 뜰에 서서
가난한 시인이 노래한다 해서
목가 시인이라 했는가

전원을 부르짖고
전원의 노래에 취해
술 한 잔에 세월을 걸머쥐고
한 시절의 세월을 유추해 간다 했던가

한 겨울 얼어붙는 빙하의 계절에
꽃피우리라 서둘고
간곡한 양 소원을 걸어 맨 시인
산의 서곡으로도 끝내 아픈 시름인데

먼데 쓸쓸한 날 기억에 묻고
대바람 소리
휘어감듯 나부끼면서
밤 동무삼아 그리운 사람 부르고 있던가

설친 밤 삶의 이랑을

쓸쓸히 끌어안고 갔던가

마른 풀빛이

산풀 마른 잎에
달은
앉아서 옛 일 묻고

야윈 가지처럼
가난은
고백으로 아픈데

별이 번뇌로 일러
시름은
창틀에 걸려 울고

서릿발 하얀 길에
잔풀은 우두커니
달에 젖어 떨고 있다

가을

가을은 꽃 바랜 날을 형상화하면서
그리움의 눈금 하나씩
그어 놓은 자리다

잃어버린 날을 버티면서
기다리면서
고독이 홍건한 몸짓을 가꾸는 자리다

가을은 창살 곁에 돋은
빛살무늬 가꾸면서
소박한 몸짓 하나씩 덜어내는 자리다

온밤을 지켜내던
어느 속삭임을 두고
명상하면서
침묵 하나씩 풀며
꿈꾸듯 허전한 자리다

끝내는 초연하면서
우리들의 이웃과 같이 미소하며
묵혀둔 그리움마저 접어두는 자리다

가는 세월

뚝 길을
별이 밝혀
별을 보았더니

별은
그리움 두고
세월 뒤로 가더라

전설은 꿈으로 커
사랑꽃 피고
동화는
유년의 뜰을 갈고 닦더라

산 뒤로
별이 가서 바라보았더니
고향길
둘레의 산길에 새가 울고 있더라

명상

문 닫고 앉았는데
창살에
달빛만 와 논다

가슴을 후비는 바람
그리움으로
조이는 세월인데

아스라한 사랑을 두고
풍경처럼
울고 있다

가슴을 조이다가
그렇게
달빛 젖은 창문 앞에 섰다

강물이 흘러서

흘러가야 하는가
가는 것
돌아오지 않는데
물결처럼 흔적만 뿌리다가
그것마저 쓰다듬고 가는가

강변을 따라가면
그리움만 퍼붓는데
풀잎의 외로움을 알고
게가 나문재에 올라 동무 삼아주고

갈잎과
억새와
서로 벌거벗은 채 나뒹구는
강가에
강물은 흘러
오류의 삶도 쓸어 담고는
어디로 가자하는가

꽃물 젖은 울안

꽃물이 손톱에 물드는
행복을
그만한 행복을 만나기 위해
나는 꽃밭을 손질한다

질 고운 토양에
꽃무더기 올려놓고
황홀한 꿈 이야기처럼
고이는 향기도 받쳐놓고
나는 미학의 역사를 주문한다

덕으로 얼리고 쌓이는
생활의 이랑이랑
고운자리에
화사한 눈빛을 걸어 울리면 어떨까
미간을 좁히면서
미소로 길들인 울안이면 어떨까

순한 꽃잎새의
표정을 가꾸면서
표피에 얽매이는
꽃자주의 빛살
나는 그 따뜻한 빛살의 향기를
오래 걸어 울리게 하고 싶다

손닿는 쪽

손닿는 곳이 있다면 가리
설사 조락의 세월이 웅크리고
번뇌와
전율이
솟구쳤다 넝마로 뒹굴고 있더라도
눈높이에 매달린 일이라면 가리

몇 개의 주문이 얽힌 그리움의
반란은
바람으로 와서 나부낍니다
눈빛
가장자리로 와서 뒹굴고 술렁인다면
어짜피 바라볼 것인데
맞아 둘 일이라면 가야만 합니다

꽃잎에 빗물 어리고

꽃잎에 앉은 빗물은
어제와
오늘의
간이역 같다

안개 덮인
바람소리는
금단의 사랑을 노래하는 것 같다

나는 산길의 바람에 젖어
풀피리 울음 따라
왜 사무침으로 메아리치고 있는가

그렇지
풀피리는
까닭도 모르면서 울기에
아름다운 기억을 묻는 것 같다

유년의 고향

내 유년의 시절에
탈곡기 돌아가는 소리를 들으면서
이웃집
친구의 얼굴을 상정하고는

흔들리면서
그리움으로 혼절한 건반 같은
사랑 때문에
옛날이 되어버린
동화 같은 날의 이야기를 끄집어낸다

우수수 지는 나뭇잎처럼
그리움은 덧나
상심하는데
침몰하면서 쏟아지는
아픔의 터널

뒤란에 꽂힌 기억의 늪가에

물꽃처럼
풀빛이 질컥대는 논둑처럼
진득하게 배어 출렁거리는 고향을 본다

겨울동화

흰빛
풍경소리 내는
너는 설화라

추억을 걸치고
헤아리는
안개 자욱이도 젖은
정의 이삭이랴

철없이 뜰을 거닐고
동화 같은
숨결 띄운
하얀 설화라

외가 앞에서

김제 가는 길에
외할머니 생각으로
외가 앞에서 서성이었더니
집이며 채전은 옛날 그대로인데
외할머니는 세상 떠난 지 오래였다

언제부터인가
이 집이 빈집으로 남아
사립문은 찌그러진 채로
바람에 젖어 삐걱거리고
몇 그루 나무가 울타리 둘레에서
빈 집을 지키고 있다

농한기가 되면
딸이 그리워
바리바리 이고 들고
논두렁 따라 걸어오시던 할머니

나는 지금은 가고 없는
그 자리에 와서
외할머니 옛 모습을 들춰내고 있다

언제나 따뜻한 웃음으로 다독이던
할머니의 그 웃음을 그리면서
할머니 오가던 마당을 서성거린다

사람은 가고 없는 자리
사람이 그리웁고
따뜻한 웃음이 다가앉은 자리
이 빈집에서
그리운 날의 시절 이야기 건져 올릴 때에는
언제나 외할머니 웃음이 들려올 것만 같다

금강하구언에서

갈잎은
바람을 껴안을 때 운다
그리운 사람 두고 울고
강물처럼 출렁이는 가슴으로 운다

빈자리 아무도 없다고 느껴질 때
갈잎은
차마 말 못하고 가두어 놓았던 것
다 털어내면서 운다
발광하면서
미친 듯이 날뛰는 몸짓으로 운다

금강하구언 따라 나서면
갈잎은
시름겨운 몸짓으로 강물에 엎드리고
강물에 엎드린 갈잎을 보고
철새는
갈잎의 자리 쪽에서 울어주더라

갈잎은
엎드려 울다 지칠 때
철새가 울어주더라

유년의 자리

내 유년의 노래가 있는 자리다

산딸기 매달려 정을 어루듯이
숨결마다
고운 무지개의 날개 펴는 자리다

물새 날아들고
수면위로 바람이 새처럼 날면
은빛물결 이야기
물깊이의 신비에 대한 이야기
삶의 노여움도 키우면서 달래고
해변의 이야기며 조개껍질도 챙기면서
강변의 전설과
산정의 서정과
햇살 포실포실 내리는 봄의 이랑과
그리하여 새벽의 종이 울리는 자리다

나는 나의 산천에서

뻐꾸기 울음과
산골짝 울려대는 딱다구리 소리와
맑고 고운 눈빛의 영롱한 꽃빛과
할아버지 산에 오를 때
나의 손끝을 어루어 주던 자리와
오래 잊고 살았던 산기슭의
풀밭과
거기에 머물며 숨 쉬는 그리움을 낚는 자리다

산길이거나
물길 유장으로 떨어대는 자리에
바람은 어제와 오늘의 시선을 놓고
흔들어 대고
논두렁 서리 낀 고랑에 나지막이 배인
사랑의 전설이 쌓이는 곳

밤새워 되뇌어도 돋아나는
하나의 시선
철쭉 지피고 온 향수
끝없이 타오르는
내 유년의 꿈이 있는 자리다

이별 뒤에 오는 그리움

그리움은
바람 젖은 뜰에 가면
으레 만나게 된다

물가의 징검다리가 있거나 하면
강아지풀과
망초풀이 바람과 같이
그리움을
밀고 끌고는

어느 물레에서 소리 내는 흔들림같이
하얗게 배인
세월을 손질하면서
그리움은 여기에서도 놀게 된다

눈꽃이
초가의 지붕을 덮어
눈이 시려울 때

그리움은 목마처럼 흔들리는 것

그리움은 자라
내 식탁위의 고독한 발성으로 와서
하얗게
새하얗게 배인 자리를 메꾸게 된다

참꽃 이파리

모처럼 가꾸고 싶은
참꽃 이파리
봄의 언덕에 가면 만날 수 있겠지

한 겨울 갇혀 흙에 묻히거나
물발에 시달린
돌멩이
구르는 소리
봄날의 개울에 가면 만나겠지

산 너머
여명의 아침이 오면
참꽃 이파리
간절한 사람을 기다릴까

이 간곡한 흐느낌의
고향 언저리
고향 언덕에 오르면

참꽃 이파리 만나게 될 것 같다

밤의 발성

밤은 소리 없이 왔다가
아이들의 채근 대는 소리를 한다
자정을 지나
햇살이 그림자에 부대끼고 있기 때문인지 모르겠다

그늘로만 접어들다가
너와 나의 눈부신 약속을 두고
속삭이듯이
채근대고 있는지 모르겠다

아직 숨을 죽이고 있지만
감감한 소식을 두고
소리 없이 흐느낄지 모르겠다

소리는 꼭 눈부실 때
빛날 것이지만
아이들이 막 채근 댈 것 같은
숨결이 밤을 타 내리고 있다

정으로 묶인 것

꽃
여울
쪽빛 젖어
세월같이 강물 간다

달
맞이
홰울음이
전설로 마디마디 푼다

낭만은 파문으로 일고
아스라이
밀린
정의 포로

순한
꽃잎과
꽃그늘과

어울린 낙서로 시간을 민다

겨울 무창포

겨울 무창포에 가 보았더니
사람이 거닐던 자리
하늬 쪽 바람이 와서
사람의 자리와
물소리 끝에 매달린 사람의 외로움을
굴리고 있더라

물기슭 쓸어대는 지난 이야기는
메마른 갯벌위에 나뒹굴고
먼발치엔
엄지 빨간 농발게가 하품을 하면서
바람과 같이
물길 지난 빈자리를 걸어가더라

산을 휘감아 내린 바람은
수평선 끝간데까지 밀리어 가고
여름 한 철 사람들의 놀이터를
가꾸는 그리움은

제 시름에 겨워 떨고 있더라

제 2 부

고향연가

누구에게 돌을 던지랴

물은
수평을 가로지르는 물은
잔잔한데

개구리 한 마리
평화의 메시지를 전달하면서
물 위에서
춤이며
유희로도 즐기는데

누가 여기와 돌을 던지랴

평화도
유희도
한 순간 빼앗아 가면서
개구리는 목숨을 거두는데
그러이 운명의 이름으로 결박하겠지

무심코 던진 돌
장난삼아 던진 돌에
목숨을 거두는
저 평화로웠던 물빛을 보아라

수평을 가로지르는 물은 잔잔한데
누가 있어
물위에 돌을 던졌는지
물어 보아라

설계 없는 삶

풀과 숲은
산에 가야만 있는 게 아니다
바다의 수중 터널을 가면
풀과 숲을 보고
어디에나 만나게 되는
삶의 이치가
풀과 숲의 관계에 있다
풀과 숲의 관계에 따라
시간과 공간의 양극이 있고
무중력과 중력의 사이에
바위가 있듯
풀과 숲의 조화의 세상이 있다
나는 이 우주의 생태를
관조하기 위해
얼마나 많은 투망을 던지었는지
하나의 것
하나의 실체에만
얼마나 많이 매달렸는지

나는 삶에 있어
설계 없는 집속에 살고 있다

회한

회한도 가꾸면
평화와 사랑과의
아름다운 연주가 된다
번뇌는 헛된 망상이 아니라
굼벵이 기어오르듯
삶에 있어서
별이 뜨듯
꽃피고 향기 어루는
소중한 삶의 호흡인 것이다
영속할 수 있는 지혜의 자리에
회한으로 관계 맺고
억겁으로 줄을 잇고
갈망으로 약속하는 것이다
거기에 평화의 깃발도
사랑의 깃발도
침몰하지 않는 내용의 숨결도
결백하게 작용하는 것이다
회한은 삶의 보존을 위한

척도인 것
질서와 균형을 위한 배합의 힘을
견고히 하는
질곡의 자리에 있는 것이다

포구처럼 밀린 삶

문명이 포화처럼 전신을 흔들고는
산정을 넘어
낯선 거리를 후비더라

폭풍처럼
무시무시한 힘으로
표류지의 꿈을 훑으며
문명은 지향을 두고 서둘러 오고 있더라

우리들 존재는 분별하기 힘들
기류 속으로 묻히고
표지판 하나 없는
광야를 떠돌듯

산돌아 바람가고
강물 넘쳐나는
저 수평선 길게 늘인 포구쪽에서
우리들의 관습을 건져 올리라는데

나는 아무래도 건질 수 없다

평화의 비둘기

비둘기는 날아와
평화의 뜰을 가꾸자고 우겨댄다
바람은 물끄러미
서사시로 긴 여운을 두고
푸른 숲과 같이
열락의 아침을 엮자고 한다
지나간 것 그리워하면서
소중한 삶을 옭아매라고
비둘기는 산과 산이 맞잡은
정상의 자리에서
꾸욱 꾹 힘주어 노래를 한다

꽃순 보고

꽃이 피었다고
꽃순에 앉아
새가 지저귀는데

꽃순
따 가슴에 묻고
풀풀
나다니는
향기에 취하는데

향기 품은 꽃순
하도 더워
땀 젖는데

산내음 산길을 가면
새도 노래한다
산울림 따라
사람도 따라나서고

꽃바람 분다
꽃순 짚고
바람이 분다

바람과 추수

입추의 바람은
촌부의 이마에 돋은 땀방울을 어룬다
풀씨 냄새 섞인 풍요를 어루고
빛의 촉수로 나부끼는 풍경을 어루고
꽃이 영그는
꽃받침의 둘레에 서서
촌부의 생활 풍습을 어룬다

바람은 그림자 짙은 어머니의 신음도 닦고
꿈으로 가꾼 인고를 추켜들면서
담소하듯
황홀한 노래를 서둘러 준다

정점을 타오르면서
생각의 윤택한 자리에
꽃씨 벙그는 세월을 채근하면서
벼 이파리 노오란 둘레를
바람은 와서 섬광처럼 번쩍인다

햇살 논두렁에 올라오면
바람은 겸허한 악장을 울리면서
삶의 역사
생활의 영혼에 묻혀
비상할 준비를 한다

환영의 자리

오래 깃들인 숨결 묻어 두었다면
그 숨결 꺼내기 위해 가자

웃으면서 넘친 향기
거기 있다면
절룩거리는 걸음이라 할지라도
마지막 힘을 경주하면서
가야한다

거부할 수 없는 사랑과
환희의 반짝거리는 보금자리
가꾸기 위해
고비사막의 뜨거운 태양이
겁박하더라도
삶의 경건한 순정을 가꾸기 위해
가야한다

가자

바늘구멍보다 작게 감춰진 것이라도
믿음으로
환영할 곡예를 서둘면서
가기로 하자

가을의 엽서

가을의 노을은 낙엽과 함께 논다
청초한 빛살을 그리워하고
밀리어 오는 하늬쪽 바람 결에
떨어져 내리는 나뭇잎과 같이
타오르다 묻혀갈 사랑을 그리워하고
아직 나부끼면서 떠도는
부질없는 이야기를 그리워하며
노을 저편에 서성거리듯 젖어나는
눈발을 본다

참으로 많은 사연을 두고 손질하면서
우리들의 자리에 머물렀던
꿈의 울안에서
평화로운 서정의 나래를 흠모했던가
그렇게 물으면서
나는 깃발인양 펄럭이는
허망의 함정에 걸려있다

맑고 고운 은하의 저 쪽 물가에
노을이 뜬다
동화 같은 이야기가 보따리를 둘러멘채
찰랑대고
나는 가을의 저무는 날에
푸른 빛살 밀리는 자리에 서서
그 빛의 신음을 본다

그대의 자리

그대 떠난 자리
그대가 남긴 체취를 찾으러 왔다

그대 숨결이 남아
풀잎처럼
꽃잎처럼 설레면
그대를 위한 노래라도 불러보고자 왔다

온 몸에 달려드는
아픔을 두고
그리움 걸어
끝내는 사무치는 사랑으로
그대의 이름을 부르고자 왔다

바람의 관계

바람이 달빛에 젖어
우울한 시늉을 한다
일렁이는 세월의 안쪽에서
숙연해 한다

창의 가장자리 문풍지로 울고
범람하는 그리움으로 울고

풀잎처럼 떨다가
시든 꽃잎에 걸쳐 앉다가
물소리 처처한 유현처럼
바람은 서글픈 날의 난간을 두들긴다

눈물도 하염없는 사람의 사연을 쥐고
환상 속으로 스멀대는 꿈의 저 쪽에
손을 주면서
바람은 서글픈 날을 부르고 있다

바람이
언제나 울음을 토해내는
사랑의
정중한 작별에 대한 관계를 묻는 바람아

달빛이 와서

달빛이
내가 시샘하는 얼굴에 비쳐
끝내는 부끄러운 얼굴로 붉어 있었다

찢긴 상심으로 사그라지는 시간에
바람은
갈잎처럼 소리쳐 울고 있었다

손이 저려오는 아픔이나
통증이
남아서
세월 가는 자리에도 흔적을 뿌리고

속살까지 스미는 상심은
천천히
아이스크림 녹듯
서러운데

달빛이
벌 꼬리의 독침을 밝혀내듯
아픈 회로를 감고
끝내는 시려운 몸짓을 하고 있었다

매화가지에

매화가지 끝에
봄물로
꽃은
향기로도 벙글어
천지간 정을 나누잔다

하얀 눈 천지인 걸 어찌하리
하얀 바람 희게 속삭여
손 호호 부는데
어찌하리

시절의 정
그리운 자리
웃음도 팔랑개비마냥
머물다 가고
숨 가쁘게 돌아올
꽃보다 먼저
먼저 하얀 눈이 내린 걸

어찌하오리

눈물

눈물은
사랑의 남루한 의상과 같다

눈물은
사랑에 대한 물안개 자욱한 숨결과 같다

눈물은
사랑의 포옹이 표류한 독주와 같다

풀밭에서

몸짓을 볼 수 있다면 보자
관계와 관계로써 다스리는 것과
빛나는 것과
삶의 질서까지를 볼 수 있다면 보자

산 메아리 비탈길을 돌면서
우리들 꿈의 동산에 오르고
그 따뜻한 곳
끝내 밀려오는데

바람은 풀밭을 돌아
물가에
떠돌면서
우리가 살아온 내력을 물을 때
그 때에 동화 같은 이야기 풀어도 보자

환자에게

환자는
하늘 우러러
그리움을 낚는데
무심으로 낚는데
그 자리에 바람이 분다

빼앗긴 것
정분 몇 가닥
휴지처럼 나부끼는 까닭에
사무쳐
하늘 우러러 보는가

간혹 병실 문밖에 서성이다가
이끼 낀 세월의 뒤란
쓸기도 하고
꼭 한번 마주하고 싶은
사람
그 사람 부르면서

하늘 우러러 보겠는가
환자의 곁에
바람이 분다

그리움의 뒤란

얼마쯤 거슬러 가야 하는가

손끝을 흔들면서 앞을 보면
사무침이 이슬처럼
얼렸다 지고

바람은 희게 번지는 세월 앞에서
아이들의 보채는 모양으로
떨려 내리고
고적한 날은 앙금의 늪을 쓸 것인데

그렇게 질퍽거리는
너와 나의 놀이터에서
이따금 번지는 것

얼마쯤 지나다가 물어야
그리움이 채워질 것인가

멈추어 버린 시간

산이
산딸기를 키우는 동안
우리들의 사랑은 바람에 젖어
신음하고 있었다

꽃물이 영롱한 몸짓으로
서성이는 동안
우리들의 숨결은 기억을 잃은
빈 자리에 있었다

희고 고왔던 사랑은
아스라이 밀리고
밤별 총총한 뜰은 바람 젖어
설레고 있었다

세월의 굽이굽이 산꽃둘레
웃고 울어줄 친구가 없어
무수한 까닭을 엮는 동안

침묵만 억겁으로 짓눌리고 있었다

고향 연가

아마 감싸줄 곳은 고향인 것을
마을 어귀의 정자나무와
개울물이며
물속으로 구르는 조약돌이 감싸줄 것이고
오십 해 그을린 세월이 어루만지면서
정을 날라줄 것이고
참새와 까치와 꿩과 다람쥐가
반길 것이며
잊어버린 날의 이야기가 메시지를 들고 와
정 다발 풀어줄 것이고

그리하여 풍상에 시달린 것
아픔으로 재생되면서
내가 살던 내 고향에 정박하게 되면서
정을 불러 가시 바르듯 발라줄 것이다
심산의 골짜기에 파고드는 것
무슨 까닭이 있겠는가
정으로서 끄덕이고

정으로 증언하는 자리인 것을
가장 고단할 때 감싸줄 곳
거기 고향인 것을

슬픈 노래

그렇습니다
까마득 밀리어 버린 날
사랑은 무심으로 떨면서
꿈을 낚던 어린 시절을 부르고 있었습니다

밤은 창백하게 밀리어 나고
산마루 아스라한 자리
까닭인즉
노래는 서글픈 날을 또 부르고 있었습니다

저 만큼 정자나무 그늘에 지핀
그리운 날은 바람에도 나부끼면서
희디흰 세월만 남아
시나브로 밀려 가고 있었습니다

제
3
부

개울가에서

서러운 날의 노래

달이 희데
잊었던 날이 그리워서
희다던가

여울목 난간에 젖은 게
빗낱인데
눈물겨웁다던가

아마도 먼 날 그리웠던 것이
밤새워 질컥거리고
무던히도 젖은 아픔의 시늉이던가

달이 희데
그 언덕 오르면서
빼앗긴 날을 상징하는 건가

조용한 풍경

눈 내리는 산자락
솔바람 젖고

꽃잎도
시들한 나무
아픈 촉루가 내려

조용한 포효이듯
전율이듯
산풀 시든 뒤란에 가면

고단한 삶이
허상에 젖어
풍경소리로 허허롭다

떨림도
시샘도
백색 물줄기 타고

바람은 가는 삶을 밀고 끈다

나의 영지에서

나 어린 시절을 그리면서
풍금건반을 두드리듯
따뜻한 자릴 기웃대고 있다

나와 관계된 일들이 서식한 빈 공간에서
나는 잃어버린 날의 세월을 지고
울컥이는 빛살을 쥐어짜고 있다

아마도 풀피리처럼
순종하고 있는 옛 시절의 종복처럼
순수를 보면서
조여 오는 한 가닥의 꿈속을 배회하고 있다

늘 바람의 한 모퉁이에서
햇살이 노는
우리의 영혼을 깔고 있는 자릴
지켜보고 있다

꽃나무를 가꾸면서

나는 한 포기의 꽃나무를 가꾸기 위하여
내 가슴에 포갠 유년의 뜰을
걷게 된다

나는 한 포기의 꽃나무에서
환희와도 같은 애정을 위해
열애할 수 있는
몸짓을 휴대하게 된다

나는 한 포기의 꽃나무를 가꾸면서
어디에서 밀리는지 모르지만
바람 앞에 서서
바람의 동작으로 빚은
사랑을 정독하게 된다

침묵하면서 열애하고
원색의 여정을 털면서
최초에 시작된 사랑을 포옹하게 된다

개울가에서

개울물 흐르는 곳에 이르렀더니
물은 세월 가는 뜻을 헤아리면서
창포잎 휘어잡아 놀고
바람은 내가 살았던 이야기를 건드리면서
그냥 지나가고 있었습니다

내가 철없이 놀던 시절은 지나고
그 많던 그리움은
물줄기 흐르듯 흘러가고 있었습니다
커버린 정은 사랑으로 와서 아픈데
나는 왜 흐느껴야 하는지
오열해야 하는지

유월의 녹음 짙푸른 뜰을 에워싸고
중년이 된 내 뜰을
바람은 제 홀로 서성이면서
창포잎만 흔들어 대고 있었습니다

개울물 흐르는데
흐르는 끝자락 따라가면
내가 기다리던 사람이 거기 머물고 있을까
내가 기다리며 찾던
우리들의 아득한 날의 사랑이 있을까
그 자리엔가
아마도 바람은 제 홀로 떠돌고 있었습니다

꽃은

꽃은
아침의 마당을 가꾸면서
더운 몸짓으로 있다

꽃은
시의 언어를 짜내면서
정직한 숨결을 걸고 있다

꽃은
투명한 유리창의 빛깔보다
고운 입김을 불어 넣으면서
화사한 웃음을 갖고 있다

고향을 본다

산길 걷다 찔레꽃 만나는 자리에서
고향을 본다

둠벙가에 집오리 둥둥 떠다니고
얕으막한 돼지막 지붕위에
벼슬 큰 수탉이 올라 울음 우는
고향

꽃가지 질펀하게 번지는
이성이 눈 뜨는 자리
꿈이 골골이 사무친 자리
무지갯빛 영롱함이 너울대는
고향을 본다

산에 오르면 꽃은 만나게 되고
찔레꽃 지핀 산길을 따라
휘황하게 번들거리는 기억의 창을 넘어
고향을 가면 어떠하랴

님은

님은
사철 꽃을 가꾸듯이
가꾸게 될 때
비로소 아름다움으로 빛나게 되는 것이다

님은
꽃나무에 물을 주듯이
정갈한 몸짓으로 숨 쉴 때
사무치는 것이다

님은
봄꽃처럼 찬란하기보다
가을꽃처럼 신선한 리듬과 숨결로
애젖은 몸짓을 시사할 때
사무치게 되는 것이다

풀씨에 관하여

풀씨 하나를 손에 담고
노래해도 되는가

먼 옛날에 이르렀던 사랑을 두고
고단해 하면서
풀씨 하나를 심고
가꾸어도 되는가

바람엔 듯
사무침이 가슴을 적시면
꽃씨의 향에 취하고

풀씨에 젖어
풀의 노래를 서둘러도 되는가

꽃밭

사랑의 메아리로 나부끼나 보다

꽃은 나비를 부르고
꽃은 벌을 부르고
꽃은 인류의 아름다움을 관계하도록
영혼의 안식을 부르고

꽃은 사랑 두고
눈씨름으로 나부끼나 보다

꽃은 평화의 날을 두고
간절한 춤으로도
별의 인자로도 설레이다가

꽃은
사랑으로써 숨을 모으고 있나 보다

삶으로 오는 부르짖음

여태도 살아온 날의 고백을 묻는 동안
나의 주변에 떠도는 바람은
몹시 쓸쓸한 날을 수 놓고 있었다

노을을 좇아가는 산빛은 산빛대로
세월 가는 자리에서
부표처럼
흐느낌을 알고 있었다

나의 시절은 매우 아득한데
어디선가 밀리는 회오리처럼
스산한 눈빛을 갖고 있어서
끝내는 가을 잎의 반란을 볼 수 있었다

소리 없다가 소리 없이 지나가는
고단한 풍속 하나가
고샅길 비탈길에서 시름겨워서
나는 처음 느낀 울음 젖은 사랑을

불러댈 수 있었다

행복연습

내가 너의 심장에 달라붙을 때
너는 내게 다가와야 한다
꿈이 뽀송뽀송한 잔털로도 설렐 때
그렇게 사랑을 어루어 놓아야 한다

때 묻은 삶이 윤기 나도록 땀을 흘릴 때
아름다운 행복일 것이고
즐거워하는 것
너와 나의 피막에 널브러지게
정직한 손짓을 맞잡을 때
행복은 거기에 있어야 한다

인연의 끈

저만큼 인연의 끈을 늘릴 수 있겠나
일찍이 일러 놓았던
강줄기로 이은자리
산 푸르고
강물 유장에 떠는
우리들 오랜 노동의 터 닦을 수 있겠나

쌓이고 감기면서
정은 탑처럼 높이 쌓여
삶의 자리 널어놓은 곳
뒤 돌아서 손잡고는
온갖 뒤엉킨 소리마저 품에 안고
우리들의 둘레를 가꿀 수 있겠나

풋과일 냄새가 유현한데
한꺼번에 쓸리는 것
쓸어 담으면서
웅크리는 인연의 끈을 늘릴 수 있겠나

어린 시절

나는 물속에서 첨벙댄 시절을 상정해 놓고
눈물을 매달아
그리움을 걸어 울리고 있다

노을에 가려 아름다운 시절의 이야기
풀어댈 고리를 잃고
맨 처음 울어야 할
올빼미 눈을 갖고 두리번거린다

사방을 뚫어지게 살펴보지만
배다른 형제처럼
정은 삭막에 묻혀있고
시름시름 앓는 짓이
어린 시절 벌레몰이 하듯
마치 쫓겨 다니는 것 같다

흙탕물 속에서
미꾸라지 찾아다니듯

쓸쓸한 반란에 묻혀서
그 시절 그리움을 점검하고 있다

반딧불

사랑은 불빛으로 속삭이면서
밤하늘을 수 놓았다
오솔길을 따라
불빛으로 노래하다가
마을입구에 들어서서
사랑의 눈이 되고
사랑의 빛이 되어
고샅길을 누비고 있다

아이들은 반짝이는 반딧불 따라
우르르 몰려다니며 놀이하고
사랑은 불빛으로 속삭이며
밤하늘을 수 놓으면서
고샅길에 이를 때
절정에 다다르고 있다

그리움의 산책

부엉이 울음 같은 아픔으로
사무친 날의
사무친 사람을 끓어 안고 있습니다

몸짓을 서둘러
떠오르는 햇살을 떠받고
사랑으로 부르는 쪽을 보지만
온 몸을 쉬이 움직일 수 없습니다

사방을 두리번거리지만
사랑의 잔털 같은 떨림이
웅성거릴 뿐
끝내는 추락할 것 같기 때문에
끓어 당기는 불빛을 껴안을 수 없습니다

무던히도 헐떡거리는
노동의 한 자락이
방울소리로 딸랑거리면서

힘없이
사랑의 은총 앞에서
눈물만 어루만지고 있습니다

세시의 노래

정지된 채
어제와 오늘이었던 이야기
물 위에 띄워보면
내 곁에 젖어 흐르는 것
그 고운 사랑을 엮어
구슬처럼 꿰어 달아매고 있습니다
맑게 흐르면서
꽃물 배여 가듯이 번지는 것
하도 고와서
천천히 혹은 빠른 속도로
그때 그 시절의 사랑을 고르면서
영원할 수 없는 것
그것이 사무쳐서
설화 한 떨기의 맑은 빛으로
어루만지고 있습니다
유년에 풍기는 것
풀각시 앞세우고 풀피리 불고
어머니의 품에서 풍기는

유향의 세월처럼
가물가물 돋아나는
사랑의 꽃다발
꽃다발 하나 들고 싶어서
정지된 채 머물다가
물위에 뜨는 세시의 노래
가슴으로 노래하고 싶습니다

그 사람의 손끝

흔적의 끝자락 붙잡아도
될 것 같아
아스라이 밀린 자릴 마련하여
그 사람의 손을 맞잡고 싶다

빙빙 돌아서
꽃피울
산 둘레에 서서
산 노을 지핀 시절을 손질하고 싶다

꼭 쥐면 터지려니
참 고운 것
꽃다운 열애로써 포옹하고

어제도
오늘도 헤매다
겹겹이 빛으로 트는
우리들의 산실

그 만큼 놀래는 동화의 피서지
맞아보면서
그 사람의 손끝 맞잡으며
숨 쉬고 싶다

사랑과의 관계

그는 손을 잡아 주기에 이르렀다
머릿속처럼
밀어의 속살을 여민 흔들림은
사랑이란 이름으로 슬렁거리고 있었다

그렇게 시작된 시선은
처음부터 잘못으로 꾸짖을 수 없었다
옷자락에 젖은 울음에 술렁이고 있지만
다만 담담한 아픔은
사랑에 대한 기술적 이행이었으므로
아무도 추궁할 수 없었다

우리는 그 이후에도 아무 약속이 없었다
그는 나에게 준 것
그것을 반추할 때
빈 하늘쯤에 고개 두고
몸짓은 그리운 까닭을 엮고 있었다

고적한 밤의 연주

목마가 흔들어 대는
문 밖의
풍경을 귀담을 수 있겠는가

촉수가 내림으로 절절이 아려오는
밤의 뜰밖에
달의 속정을 넘겨볼 수 있겠는가

간절한 것
바라는 꿈이겠지만
꿈이
겨울 문 밖에 서성이고 있어서
끝내 귀뚜라미가 울고 있다
끝내 뻐꾹새가 울고 있다
끝내 바람이 화음타고
점점
나의 목전에 와서 울고 있다

목마 타고
문밖으로 나가
달릴 수 있겠는가

제4부

처마 밑에 매달린 정

한산 모시 고장에서

차령산맥의 끝자락 금강하구에 이르면
산 겹겹 둘러싸인 자리
밖으로 강물 흐르고
강은 철새의 나들이 한참 바쁜 자리
산은 고향 불러온 새를 맞아
새와 함께 노래를 하고
아름다운 자연을 삽화처럼 가꾼
한산의 풍물 울리는 광장에 내가 서 있어도 될 것 같다

산 고개 햇살 번져 한산 뜰 비치게 되면
세모시로 단장한 전원의 아이들
널판에 올라
고향의 아스라한 생각을 끼고
찾아온 사람 한 번씩 어울리는 자리
모시옷 걸치고
한번쯤은
그리운 외할머니 불러 봐도 될 것 같다

금강하구를 지나다 향교에 이르러
이 자리에서
선비의 기상마저 눈여겨보면 된다
묵은 이색의 숨결로도 젖은 고장
월남 이상재의 이름도 오른 자리
아마도 물 맑고 산 좋아
인심이 터를 가꾸어 온
향토의 숨결을 여기서 만나도 된다

한산의 시월 산자락 입구에 들어서면
모시풀 나부끼고
오래고 긴 세월의 무늬 지피면서
삶의 터 어루는 것을
생활의 유적을 가꾸는
아름다운 고장에 이르러
삶의 지혜를 만나도 된다

맨 처음의 사랑

마음 한 곳에 담아
맨 처음의 사랑이
풀피리 분다

본래 사랑은 약정할 수 없지만
웃음도 펼쳐 널고
노동의 땀에 젖어
허기질 때
푸른 뜰을 질주한다

분별은
원래 서글픈 반란
사랑은
원래 열망의 찌꺼기에
빛나는 것이어서
풀피리 한 곡을 구성지게 불게 한다

금강의 철새

금강의 철새는 공중에서
춤으로 시작하여
찾아왔다는 소식을 알린다

어두운 밤하늘에 날개만 너울대면서
회상의 풍경을 띄우고
깃발처럼
바람처럼
정연한 발레로부터 시작 된다

금강 가장자리 언덕으로
올라선 안개와
물소리만 거느리는 밤의 정경이
별소리와 같이 찬란하고
철새는
지나던 사람이 멈춰 환호성할 때 빛을 발한다

강과

하늘과
철새의 춤과 같이 어울리는 향연이
금강하구로 부터 시작 된다

내변산 개구리

내변산 오솔길 따라
산에 오르다

산고랑 우물에서 우는 개구리
사는 시늉인가
산란인가

올챙이 우르르 떼 지어
물속을 헤엄치고
산길은
무수한 전설을 쏟아 붓는다

산은 절절이
물처럼 굽이쳐 능선을 잇고
구름 춤보다 고운
산가에 이르러

산고랑 우물 고운 수렁에서

개구리 울음 운다

청하면 마을 어귀

김제 만경 뜰 청하면에 가면
마을 어귀
아주 오래된 효자문이
녹슨 채 바람 젖어
외로이 떨고
풀잎마저 시들한 자리
효자문 앞에
팔순 할머니
고향의 정을 부르듯
먼 하늘을 보고 있었습니다

얼마나 많은 날 지나가고 있는가
누가 지난 세월 딛고
효자문 앞에 서 있으라 이르는가

청하면 만경강 뚝을 따라가면
그리움마저
저녁노을에 걸친

금물결 따라 가물거리고
늦겨울 바람만 와서
아이들의 보채는 몸짓처럼
울고 있었습니다

빙하처럼 젖은 것을

무엇을 찾아 나서는가
아픔의 그림자를 채색하면서
내심 눈물 한 가닥쯤 거느리고
빙하의 땅
그 차가운 바람 몰이를 하겠는가

열망의 자리는 비어있고
퇴락의 밤에
바람은 빈 가지에 걸려
쇳소리의 울음을 줄 타고 있는데

주르륵 흐느끼는 눈물이
빙하를 녹일 것 같다
줄곧 바람가지에 팔랑개비 돌지만
톱날처럼 날카로운
그 팔랑개비 재울 것 같다

물가에서

풀풀 날아가 버린 시절이
그리워
물가에 이르렀습니다

물가에
사금파리 번뜩이며 돋은 그것이
정분 때문인지
세월 간 자리에서 구르고 있습니다

실직한 삶이 상심에 차올랐다
산산대고
여태도 잊었던 날이 안타까워
물소리 따라 아파하고 있습니다

말없이 할퀴고 간
모질게 그리운 정분의 시절이 흐느적이거니
그렇게 흐르는
물가에 와 있습니다

겨울 강변에서

겨울 강변에는
설화가
지난 세월을 지피고는
동화 같은 이야기로 꿈을 나르고
나는 나의 꽃밭에 이르러
망초꽃 시든 자리에서
그토록 그리던 사람이 왜 울부짖는지
눈발 하얀 하늘을 우러러 보고 있습니다

세월가고 부르짖는 게 있어서
상심은 눈발 사이를 꿰뚫고
바람에도 망초꽃 시든 대궁은 시름겨운데
강물은 풀잎이 앓아눕듯이
흐르면서
많은 날 이야기 띄워 울부짖고 있습니다

무엇을 못잊어
겨울 강변을 거닐 듯 아픔을 매어달고는

까맣게 타버린 영혼으로 남아서
나는 그 남은 영혼을 껴안고 있을 때
물은 무심천변을 쓸어가고 있습니다

가고 있는 정

바다가 그리워 물가에 가랴
정은 산꽃처럼 쌓이고
산풀처럼
사랑은 피어오르는
바다가 그리워
바다쪽 산에 오르랴

산마루 감아 도는 바람이 와서
헤엄치듯이 뒹굴고
그리움으로 옭아맨 물안개
그윽한 자리
정으로도 쏟아 놓아 질퍽거리랴

물은
쉬엄쉬엄 흐르는데
정은 산꽃처럼 젖어
떠내려가고
산에 올라 정가는 자릴 보고 울고 있으랴

겨울 산길에서

산의 등허리에 꽂힌
설화가
잊혀진 날의 이야기를 풀어내고
바람과 같이
시름에 겨워 끝내는 떨고 있습니다

능선과 능선을 맞잡고
친구처럼
오누이처럼 어울리면서
사랑마저 나누자 하고 있습니다

넓은 뜨락을 쓸고 스친 그리움의 바람의 흔적은
환상인데
백발처럼 하얗게 흰
눈은 내리고 쌓였습니다
바람은
내 그리운 심정에 낀 이야기처럼
소리내면서

빈 산정을 배회하고 있습니다

처마 밑에 매달린 정

처마 밑에 매달린 메주가
세월 간 자리를 엮으면서
눈 오는 날이거나
비 오는 날의 무심한 정을 짜 늘이고 있다

담장에 오르는 담쟁이 넝쿨처럼
끈끈한 인연도 감아 매고
물가에 달이 훙건히 고인
윤기마저 쓰다듬고 있다

옛적의
그 향기에 젖어
허기진 울음을 울어대면서
짭잘한 눈물을 흘리고 있다

시간은 가고
때 묻은 흔적은 가슴 조이는데
새롬새롬

집안 가득했던 그 탁탁한 냄새에도
꼬박 묻히고 있다

개나리 벼랑에 매달려 있다

개나리 가지가
수직의 벼랑을 타 내리면서
마치 시름겨운 사람의 몸짓처럼
바람 젖어 있다

가을 맑은 하늘 한 모서리에
세월 가는 옛 이야기
통로에 깔고
그리움은 애처로운 노래만 기억하고 있다

단 한번쯤 부르고 싶은
이름과
그 이름을 부르면서
기억되는 일과
아주 오래전의 일들이
개나리 가지에 매달려 있다

정은 휘어드는 바람 젖어 나부끼고

개나리 가지
수직의 벼랑에서
옛일을 일러 불러대고 있다

어머니는 다 용서하신다

-김규동시에 붙여

『닭이나 먹는 옥수수를
 어머니
 남쪽 우리들이 보냅니다
 아들의 불효를 용서하셨듯이
 어머니
 형제의 우둔함을 용서하세요 』

어머니는 모든 걸 용서하고 있습니다
어머니는 모두를 사랑하고 있습니다
그러나 아들은 남아도는 걸 보냅니다
그러나 아들은 부끄러워 할 줄 모르고
다만 기억만 끄시고 있습니다

시인 김규동씨
나는 당신의 효심에 찬 생활과
당신의 숭고한 삶을 봅니다

평화는 경건한 자리에 있다

나무는 바람을 거느릴 때
굳건함을 보이게 된다
나무는 햇살을 마실 때
눈부신 속도로 자라게 된다

평화는 우리들의 염원이지만
지혜로운 의식의 갈기를 헤아릴 때
가까이 다가서게 된다

이상의 꽃을 피우는 게 무엇인가
정의의 칼을 번뜩이는 게 무엇인가

나무가 열매를 맺고
쉬임없이 향기를 가꾸는 까닭이 무엇인가

까닭인즉 종래는 평화의 자릴 갈고 닦아
우리들의 청청한 뜰에
광채 누리는 것 아닌가

그 영광의 자리에 평화가 있지 않은가
싸움은 개선을 위해 치루어야 하지만
언제나 의로운 쪽에 머무는 것이며
평화는 짙푸른 꿈의 자리에 있다
꿈은 내일의 환희와 더불어 있다

나무가 바람을 거느리고
햇살을 마실 때 눈부시듯이
평화는 우리들의 숨결의 가장
골 곧은 자리에서 머물게 될 때
거기에 있다

노무현대통령 사진 한 장의 교훈 · 1

- 노무현

나는 노무현의 사진 한 장
앞에 서서
억겁의 세월 짊어진 삶을 본다

짐이 무거운 어깨를 마음에 두고
아파하는
얼굴을 본다

차라리 광장에 모인 사람 앞에서
오열할 것이지
애증으로 소리 높이는 사람 앞에서
영혼을 짓누르며
피를 토해내고 있는가

억겁의 세월을 갈취한 자
누구인가
억겁의 삶을 토하면서
울부짖는 자 누구인가

아 무시로 떠도는 바람이여
이 골짜기에서
그대는 침묵을 깨 부셔도 되겠다

노무현대통령 사진 한 장의 교훈 · 2

- 바보 노무현의 삶

그렇다
평화는 거기에 있다
"자신을 사랑하면 세상을 사랑하게 되고
 세상을 사랑하면 세상에 대한
 분노를 하게 된다,,

정치에 있어서 삶은 무엇인가
그의 영상으로 비친 사진 한 장에서
바보 노무현은
자신을 위해
세상을 위해
목숨을 거둘 수 있는 경건함 그것이다

정치는 권력의 지배구조에 편승한다면
민주주의는 상심으로 남고
상심은 절망으로 남고
절망은 체념으로 가게 된다

그렇다
평화는 욕망의 지배에서 벗어날 때
자유로워지는 것이다

노무현대통령 사진 한 장의 교훈 · 3
- 봉하 마을의 노무현

나는 봉하마을 입구에서
봉하산 능선을 보았다
수직으로 내려꽂힌 산을 보았다

저기가 산정인데
정상을 우러르면서
바위가 바위로 두른
부엉이 바위산 꼭대기에서
스스로 자백하는 임종의 자릴 보았다

무엇을 남기고
무엇에 얽매이어 진실을 위한 토론을 하다가
결정을 했을까

산은 스스로 외치되 말이 없고
나는 자연의 섭리가 무엇인지
찾으러
이 산에 왔다

봉하 마을 입구에 이르러
노무현 묘지 앞에서
나는 그가 외치고 있는
민주를 위한 자유를 묻고 있다

노무현대통령 사진 한 장의 교훈 · 4

- 다시 부엉이 바위

부엉이 울음이 서러운 바위에 섰다
바위 앞에 서서
바보 노무현의 죽음을 두고
부엉이는 운다

울음이 들킬까봐
바람이 와 가로막아 주는데
바위가 바위를 감고 있는 자리에서
바보의 죽음을 보고
부엉이가 운다

산청청 푸르른데
메아리가 남아 울겠지
부엉이 바위에
바보의 혼백이 남아 울겠지

부엉이 울음이 하도 서러워
바위에 섰다

바보의 죽음 앞에서
부엉이가 운다
또 울고 있다

노무현대통령 사진 한 장의 교훈 · 5

- 봉하 마을에서

봉하 마을 입구
바보 노무현의 사진 한 장 한 장엔
평화로움이 보이지 않았습니다
자전거를 타고 가면서
평화를 그리워할 뿐
평화로운 자리를 가고자 할뿐
평화는 보이지 않았습니다
어린 소녀의 손을 잡아줄 때에도
평화를 소원하지만
평화로운 자리가 거절되어 있었습니다

많은 사진 속에
어떤 번뇌가 솟구치기에
억겁의 삶을 이고 있는지
억겁의 삶에 짓눌려 가슴 옥조이는지
이마에서 볼에 이르기까지
무거운 형상만 드리우고 있습니다
웃어줄 사람이 옆에 있어야 하는데

웃어줄 사람이 없는 자리에서
이 우수의 조각을 누가 각색해야 하는가
봉하마을 입구의
바보 노무현의 사진이
억겁의 세월을 짊어지고 있습니다

노무현대통령 사진 한 장의 교훈 · 6

- 동지가 됩시다

"우리 부족하면 부족한대로
동지가 됩시다,,
만족은 모든 걸 채우는 것
그때에 우리 잃을 것만 남게 됩니다

인연은 맺은 것에 대한
실천이고
약속인 것입니다

모자람으로 만족하지 못하면
그만큼
주어진 대로
서로 같은 길의 선상에 서서
동지가 되어야 합니다

우리 서로 같이
미래에 대한 꿈이 있지 않습니까
돌아 올 자리

평화를 얹어 가꿀 자유가 있지 않습니까

우리 부족하면 부족한 대로
조국의 오래고 긴
꿈을 가꾸기 위해서
손 잡아줄 동지가 됩시다

어두움 뒤에 오는 빛을 위하여

한 해가 저무는 날
해는 마지막 빛살을 뿌리면서
서녘에 지고 있습니다
많은 것 이루고자 분주했지만
햇살은 끝내 어둠 속으로 묻히고 있습니다
바람이 몰리듯이 시름도 어울려
저문 해 맞고
내일의 오래고 긴 삶을 맞이하고자
우리들은 약속처럼 얽혀
여기에 와 있습니다
세태의 어지러움 세계의 위험이 곳곳에서 도사리고
파리의 비극이 파노라마치듯 술렁거리고
경제의 지표가 도처에서 흔들리고
행정이며 정치의 수난도
파고의 높이처럼 파동치고 있습니다
우리들의 광장 해는 기울고
서광의 내일을 맞는 자리
곰개나루터 꿈의 자리에 와 있습니다

꿈과 이상과 희망이라는 기대의
내일을 두고
우리들은 경건한 몸짓으로
나루에 와 있습니다
땀의 노동을 앞세운 삶으로서 꿈을 이루고
이웃에게 따뜻한 손을 줄 이 나라의 모두와
모두의 시민과 만남을 위해
이 자리에 와 있습니다
정의는 늘 자유로우나 경건하고
정신의 중심에 있어야 한다고
믿고 익혀 왔습니다
이 나룻가에서 어두움 뒤에 오는
새 날의 태양을 위하여
우리는 건배해야 합니다
아뢰옵건데
지느러미 털고 일어설
우리들의 꿈을 기약해야 합니다
모두가 축복이라 여겨지는 새 삶의
터전 가꿀 약속의 자리가 되어야 합니다

| 작품해설 |

상실을 사랑하고 극복하는 평화의 노래

-유나영 시집 『평화는 경건한 자리에 있다』

최서진 | 시인

| 작품해설 |

상실을 사랑하고 극복하는 평화의 노래

-유나영 시집 『평화는 경건한 자리에 있다』

최서진 | 시인, 문학박사

평화의 고원

유나영의 시집은 "아름다운 삶의 높이"를 위해 고요히 두 손을 모으는 "찬란한 기도"(「우리들의 평화를 위하여」)이다. 기도의 자세를 지속시키는 것은 시간의 깊이만큼 상실한 그리움에서 나오는 것이기도 하다. 이번 시집을 읽는 내내 그리움의 풍경, 그 배후를 넘고 다시 넘었다. 시인은 여러 개의 감정의 고원을 넘는 리듬을 통하여 이미지를 만든다. 시는 리듬 위에 세워진 언어적 질서이다. 리듬의 약속이며 리듬 자체는 아니다. 리듬이 지속되면 우리는 정확히 이름 붙일 수 없는 어떤 감정들을 기대하게 된다. 리듬은 우리 안에 잠든 어떤 몽유의 상태를 유발시킨다. 그 느낌은 '어떤 것' 으로 돌출될 때에만 비로소 싹처럼 나타날 수 있다. 유나영의 리듬은 어떤 것을 향하여 가는 여정처럼 느껴진다. 하이데거는 모든 측량은 "시간을 현재화하는 형태"라고 말했다. 시간은 우리 밖에 있지 않으며 달력이나 시계 바늘처럼 우리 눈앞을 지나가는 어떤 것도 아니다. 우리가 바로 시간이며, 지나가는 것은 시간이 아니라 우리 자신이다. 우리는 모두 저 너머로 가는 시간을 그리워하며 시는 모든 이야기를 아우르고 육화시킨다. 그래서 시는 아픈 리듬도 있고 경쾌한 리듬도 있고 희열에 찬 리듬도 있는가 하면 슬픔에 찬 리듬도 있는 것이다. '그' 에게는 반드시 '그' 가 있다

삶에 대한 인간의 자발적 리듬은 우리 밖에 있는 것이 아니라 우리를 표현하는 우리자신이다. 이를테면 "비가 내린다 하면 어떠하랴/ 우리들의 평화를 위한 간곡함이 있다면/ 눈보라 친들 어떠하랴"(「우리들의 평화를 위하여」)라고 오랜 침묵을 견뎌낸 듯한 시인의 고백처럼 이 평화의 감정들은 그렇게 만들어진다. "평화는 우리들의 염원이지만/ 지혜로운 의식의 갈기를 헤아릴 때/ 가까이 다가서게 된다"(「평화는 경건한 자리에 있다」) 그러므로 이 시집은 평화를 궁구하는 자에 관한 이야기다.

평화는 고통을 겪어내고 시련을 인식하고 눈물을 걷어낸 후에 찾아오는 봄비 같은 것이다. 시인은 우주적 리듬을 이해하고 삶에 대한 자세를 고요하게 갈무리 한다. 그 바탕에는 내밀한 고백에 해당하는 그리움이 존재한다. 유나영의 시가 가지고 있는 이 '그리움'의 근원은 시인의 말과 시적 교감으로 수렴된다. 시인이 평화의 감정에 도착하기 위해 "별이 번뇌로 일러/ 시름은/ 창틀에 걸려 울고"(「마른 풀빛이」) 많은 날들을 앓았다. "잃어버린 날을 버티면서/ 기다리면서/ 고독이 홍건한 몸짓을 가꾸는 자리"(「가을」)를 지난다. 사는 일에서 비롯된 상처들이 고원의 도처에서 발끝에 걸린다. "산 뒤로/ 별이 가서 바라보았더니/ 고향길/ 둘레의 산길에 새가 울고 있더라"(「가는 세월」)과 "강물은 흘러/ 오류의 삶도 쓸어 담고는/ 어디로 가자하는가"(「강물이 흘러서」)로 삶의 근기와 생명력을 상징한다. "풀빛이 질컥대는 논둑처럼/ 진득하게 배어 출렁이는 고향"(「유년의 고향」)에 대한 통찰은 삶에 대한 풍경을 유년시절의 기억을 통해 보여주고 있다.

> 손닿는 곳이 있다면 가리
> 설사 조락의 세월이 웅크리고
> 번뇌와
> 전율이
> 솟구쳤다 넝마로 뒹굴고 있더라도

눈높이에 매달린 일이라면 가리

몇 개의 주문이 얽힌 그리움의
반란은
바람으로 와서 나부낍니다
눈빛
가장자리로 와서 뒹굴고 술렁인다면
어차피 바라볼 것인데
맞아 둘 일이라면 가야만 합니다

-「손닿는 쪽」 전문

이 시는 평화로운 세계를 동경하며 현실을 받아들이는 상황을 그리고 있다. "손 닿는 쪽"은 현실상황이다. '번뇌'와 '전율'이 '넝마'로 뒹구는 시련의 인식이라고 예감해 본다. 화자에게 "눈높이에 매달린 일이"은 부여된 삶의 몫이다. 그 상황을 조용히 바라보고 인식하는 한 삶이 눈물겹고 아득하게 펼쳐진다. 유나영의 시에는 비극적 세계관이 깔려 있다. 그러나 그 비극적 세계를 넘어 극복하는 방향으로 더 확장되는 특징이 있다. 나약한 인간이 처한 상황을 넘어서려는 통찰의 방법이다. "몇 개의 주문"은 아마 인생의 행운을 모으는 주문일 것이다. "어차피 바라볼 것인데/ 맞아 둘 일이라면 가야만 합니다"라는 단호한 결단은 아름다운 긍정의 방향으로 나아가고자 하는 자의 주문으로 작동한다. 시적 화자가 인식하고 있는「손닿는 쪽」은 현실적 환경에 속한다. 이는 시인에게 처한 어두운 현실상황을 극복하고 나아가려는 존재론적 모색과 출구로 연결된다. 따라서 운명을 받아들일 수밖에 없는 존재자의 비애가 마지막 연을 통해 드러나고 극복된다.

꽃
여울
쪽빛 젖어
세월같이 강물 간다

달
맞이
홰울음이
전설로 마디마디 푼다

낭만은 파문으로 일고
아스라이
밀린
정의 포로

순한
꽃잎과
꽃그늘이
어울린 낙서로 시간을 민다

-「정으로 묶인 것」 전문

우리는 우리 자신과 비슷한 사람이 살아가면서 겪어

내는 시편들을 통해 자신의 연민을 불러낸다. 「정으로 묶인 것」은 인간의 가장 근본 삶을 객관화하여 카타르시스를 느낄 수 있도록 구성한 작품이다. 꽃과 달이 빚어내는 '세월'과 '전설'은 인간의 낮과 밤을 표상한다. 환한 낮을 살기 위해서는 어두운 밤이 지나가야 한다. 그 사이를 "세월같이 강물"이 흐르고 '홰울음'이 "전설로 마디마디" 풀어 놓는다. 시인은 자신을 끌고 가는 시간을 인식하고 느낀다. 그리하여 "순한/ 꽃잎과/ 꽃그늘과/ 어울린 낙서로 시간을 민다"라는 인생의 멋(진리)을 획득하게 된 것이다. "낙서의 시간"에 주목해보자. 그 아프고도 눈앞에 보이는 듯한 시간은 무심한 듯 하지만 궁극에는 평화를 기원한다. 꽃과 달과 꽃그늘의 기억 사이에 '정'이라는 세월이 흐르고 있음을 기억해낸다. 우리는 '정'으로 묶이기도 하고 스스로 묶으면서 인생이라는 공동체를 만들어간다. 따라서 "낙서의 시간"은 속임수가 개입되지 않은 간절하기 그지없는 시간이라 할 것이다.

사랑의 고원

이 시집에서 주목할 공간적 화두는 '고향'이다. 레비나스는 "감성은 향유의 방식"이라고 말한다. 감성으로 포착할 수 있는 고향에 대한 향유를 통해 자신만의 세계를 확보해낸다. 여기서 시적 화자는 "나는 가을의 저무는 날에/ 푸른 빛살 밀리는 자리에 서서/ 그 빛의 신음을 본다"(「가을의 엽서」)라고 근원적 물음을 던진다. 시인의 고향에 대한 사유를 통해 시인의 한 세계를 대면할 수 있다. "얼마쯤 지나다가 물어야/ 그리움이 채워질 것인가"(「그리움의 뒤란」) 그곳은 사랑의 뒤란이다. 뒤란 안에서 나무, 바람, 꽃, 별, 구름 같은 것들이 나누는 노래가 들린다. 뒤란은 시인이 가진 상상력의 거처이다. 누구나 자신의 뒤란을 가지고 있는 것처럼 혼자 있고 싶을 때 뒤란은 절대성을 발현한다.

> 아마 감싸줄 곳은 고향인 것을
> 마을 어귀의 정자나무와
> 개울물이며
> 물속으로 구르는 조약돌이 감싸줄 것이고
> 오십 해 그을린 세월이 어루만지면서
> 정을 날라줄 것이고
> 참새와 까치와 꿩과 다람쥐가
> 반길 것이며
> 잊어버린 날의 이야기가 메시지를 들고 와
> 정 다발 풀어줄 것이고
>
> 그리하여 풍상에 시달린 것
> 아픔으로 재생되면서
> 내가 살던 내 고향에 정박하게 되면서

정을 불러 가시 바르듯 발라줄 것이다
심산의 골짜기에 파고드는 것
무슨 까닭이 있겠는가
정으로서 끄덕이고
정으로 증언하는 자리인 것을
가장 고단할 때 감싸줄 곳
거기 고향인 것을

-「고향 연가」 전문

'고향'의 존재에 대한 정의를 시인은 '정'으로 귀결한다. "가장 고단할 때 감싸줄 곳"이 시인의 내면에 있는 '고향'에 대한 기억이다. 고향에 있는 '정자나무'와 '개울물'들이 시인을 감싸줄 거라는 믿음이 고된 현실을 견뎌내게 한다. 고향이라는 공간은 '참새', '까치', '꿩', '다람쥐'가 "잊어버린 날의 이야기"를 들고 와 주는 기억이라는 세계이다. "내가 살던 내 고향에 정박"하고 싶은 염원이 내재되어 있다. '정'은 지치고 아픈 삶에 파고들어 지난한 삶을 위로해주고 증언해줄 것이라는 강력한 화자의 믿음이 존재한다. 그런 화자의 태도는 힘든 세월을 버텨내는 유일한 힘임을 말하고 있는 것 같다. 자연에서 점점 멀어져가는 도시생활에서 화자는 슬픔과 그리움의 중첩된 이미지로 고향을 그려낸다. 그리움은 소멸을 전제로 하지만 또 다른 그리움을 탄생시킨다. 「고향 연가」는 사라진 시간을 연민의 시선으로 보듬으며 '고향' 에 새로운 생명을 불어넣고 있다.

조용한 풍경

유나영 시의 풍경에는 "고단한 삶이/ 허상에 젖어/ 풍경소리로 허허롭다"(「조용한 풍경」)는 허무함이 자리해 있다. 그 조용함 속에 "꽃은/ 사랑으로써 숨을 모으고"(「꽃밭」)있다. 시는 인간을 죽음으로부터 구제해주지 않는다. 오히려 삶과 죽음은 하나라는 사실을 깨닫게 해준다. 그리하여 삶을 회복한다는 것은 삶 속에서 고요하게 소멸을 천착해가는 일을 의미한다. 우리의 존재를 드러내는 일은 우리 자신을 창조하는 일이다. 그 드러냄은 여러 형태로 나타날 수 있는데 시인은 '꽃나무' 를 가꾸면서 스스로 빛으로 환원시키고 있다.

> 나는 한 포기의 꽃나무를 가꾸기 위하여
> 내 가슴에 포갠 유년의 뜰을
> 걷게 된다
>
> 나는 한 포기의 꽃나무에서
> 환희와도 같은 애정을
> 열애할 수 있는
> 몸짓을 휴대하게 된다

나는 한 포기의 꽃나무를 가꾸면서
어디에서 밀리는지 모르지만
바람 앞에 서서
바람의 동작으로 빚은
사랑을 정독할 것 같다

침묵하면서 열애하고
원색의 여정을 털면서
최초에 시작된 사랑을 포옹하고 있을 것 같다

-「꽃나무를 가꾸면서」 전문

위의 시는 삶에 대한 열렬함을 내비친다. '꽃나무' 를 심고 가꾸는 진솔한 삶의 풍경이 드러난다. '유년의 뜰' 을 걷는 시인의 발자국을 따라간다. "침묵하면서 열애하고" 있는 과정에는 사랑의 매순간이 깃들어 있다. 그런 탓에 이 시집에서 나타나는 몸들은 제 뜻대로 가눌 수조차 없는 폐허의 몸으로 형상화된다. 폐허의 몸이란 몸을 최소화로 변이시키는 변태의 과정이기도 하거니와 우선 길을 잃은 상태, 즉 신발을 잃은 상태를 나타내고 있는 몸이다. 그 폐허의 몸을 사랑으로 열어 꽃피는 나무로 만들어 버리는 작업이 시적 경험이다. 시인은 시적 경험을 통해 "바람 앞에 서서/ 바람의 동작으로 빚은/ 사랑을 정독" 하는 삶을 살아간다.

고독 속에 거주하고 있으면서도 꽃나무를 바라보는 행위를 멈추지 않았다는 뜻이다. 시간이라는 절벽에서도 꽃을 피우고 꽃나무를 가꾸는 시인의 마음을 발견한다. 꽃나무를 가꾸는 일은 견딤의 시간이 필요하다. "침묵하면서 열애하고/ 여정을 털면서" 삶의 긍정의 과정으로 열어간다.

목마가 흔들어 대는
문 밖의
풍경을 귀담을 수 있겠는가

촉수가 내림으로 절절이 아려오는
밤의 뜰밖에
달의 속정을 넘겨볼 수 있겠는가

간절한 것
바라는 꿈이겠지만
꿈이
겨울 문 밖에 서성이고 있어서
끝내 귀뚜라미가 울고 있다
끝내 뻐꾹새가 울고 있다
끝내 바람이 화음타고
점점
나의 목전에 와서 울고 있다

목마 타고
문밖으로 나가
달릴 수 있겠는가

-「고적한 밤의 연주」 전문

「고적한 밤의 연주」는 꿈을 이루기 위해 달려가고 싶은 시인의 간절한 바람을 보여준다. "목마가 흔들어 대는/ 문 밖의/ 풍경을 귀담을 수 있겠는가"라고 질문을 던진다. 그것은 자신의 꿈을 귀담고 싶다는 내면의 풍경을 짐작케한다. 시인의 내면에는 "간절한 것" 다시 말하면 꿈이 존재하고 있다. 꿈의 실체는 명확히 밝히고 있지 않지만, 그것은 시인의 "겨울 문 밖에 서성이고"늘 머뭇거리고 있다. '귀뚜라미' 와서 울고 때로는 '뻐국새' 로 와서도 운다. "끝내 바람이 화음타고" 와서 "목전에 와서 울고 있다"로 귀결된다. 더 이상 머뭇거릴 수 없는 상태에 이른 것이다. 그리고 다시 캄캄한 밤에 결심에 이른다. 자신의 심연에 깊숙이 대면하여 "문밖으로 나가/ 달리 수 있겠는가"라며 삶의 허기를 향유한다. 우리의 삶은 자신의 꿈을 연주할 수 없는 현실의 상황들이 존재한다. 시는 그런 삶의 장면들을 속속들이 비추는 아픈 거울의 역할을 담당한다.

물가와 벼랑의 감정

무엇을 못 잊어
겨울 강변을 거닐 듯 아픔을 매어달고는
까맣게 타버린 영혼으로 남아서
나는 그 남은 영혼을 껴안고 있을 때

물은 무심천변을 쓸어가고 있습니다

-「겨울 강변에서」 부분

겨울 강변을 성찰하는 시인의 시선은 잃어버린 시간에 대한 그리움이 분명하다. 유나영의 시에는 조용한 내면에 깃든 지나온 세월에 대한 아픈 풍경으로 가득하다. "겨울 강변에서" 시적 화자는 "무엇을 못 잊어" 지나온 시간을 돌아보기를 멈추지 않을까. 시종일관 시인은 정확히 말할 수는 없지만, 많은 상황들로 인해 신산함을 견디며 살아왔다. "까맣게 타버린 영혼으로 남아서" 마음을 다해 그것들을 회상하고 있다. 이 시를 관통하는 것은 근원적인 '소멸' 에 대한 아픔이 뜨겁게 내재해 있고, 그것을 노래의 양식으로 변주해 낸다.

개나리 가지가
수직의 벼랑을 타 내리면서
마치 시름겨운 사람의 몸짓처럼
바람 젖어 있다

가을 맑은 하늘 한 모서리에
세월 가는 옛 이야기
통로에 깔고
그리움은 애처로운 노래만 기억하고 있다

단 한번쯤 부르고 싶은
이름과

그 이름을 부르면서
기억되는 일과
아주 오래전의 일들이
개나리 가지에 매달려 있다

정은 휘어드는 바람 젖어 나부끼고
개나리 가지
수직의 벼랑에서
옛일을 일러 불러대고 있다

-「개나리 벼랑에 매달려 있다」 전문

「개나리 벼랑에 매달려 있다」에서는 살아오면서 겪어낸 상처와 통증이 있다. 시인은 개나리가 벼랑을 타며 노랗게 피던 상처의 흔적에 주목한다. 생명들이 태어나 살아가는 것은 저마다 벼랑에 매달려 불완전한 존재가 삶의 벼랑을 건너는 시간을 기록하고 있다. "개나리 가지가/ 수직의 벼랑을 타 내리면서/ 마치 시름겨운 사람의 몸짓처럼/ 바람 젖어 있다"는 개나리의 모습과 만나면서 삶의 근원과 마주하게 된다. 실존적 고백이 담긴 이 시편은 자연을 바라보면서 시인의 깊은 자기성찰의 차원에 놓인다. "아주 오래전의 일들이/ 개나리 가지에 매달려 있다"는 삶의 과정을 통해 시인은 살아온 날들을 사유해본다. 시인은 개나리의 모습을 통해 우리 앞에 시인 자신의 삶을 고백한다. "개나리 가지/ 수직의 벼랑에서/ 옛일을 일러 불러내고 있다"는 고백을 통해 기억의 파장을 넓혀 인생론적 비애와 시의 감각을 결속시킨다. 하이데거의 철학적 사유는 존재 사유 그 자체라고 할 만큼, 그의 사상을 이해하는데 있어 존재의 의미는 절대적으로 중요한 요소이다. 유나영의 시를 존재론적 차원에서 접근할 때 '존재 물음' 을 통해 생은 벼랑에 매달려 간절하게 부르는 노래임을 입증한다.

평화의 노래

시인은 시를 통해 스스로를 완성하고자 끊임없이 시도한다. 인간이 무엇인가를 향해 끊임없이 지향하는 것이 바로 욕망일 것이다. '그저 있는' 존재가 아니라 '되어 가는' 존재라면, 결코 완성될 수 없는 존재는 욕망의 존재이다. 이로써 시인에게 시는 존재를 묻는 동시에 존재를 존재하는 것으로 인정하는 과정이기도 하다. 옥타비아 파스는 시간적 존재인 인간은 긴장을 이완시키기를 원하고, 갈증을 해소시키기를 원하며, 스스로에 대해 명상하기를 원한다고 말하고 있다. 유나영 시인은 그 이완과 명상의 자리에 '평화' 를 상상하면서 자신의 존재를 드러낸다.

> 그 영광의 자리에 평화가 있지 않은가

싸움은 개선을 위해 치루어야 하지만
언제나 의로운 쪽에 머무는 것이며
평화는 짙푸른 꿈의 자리에 있다
꿈은 내일의 환희와 더불어 있다

나무가 바람을 거느리고
햇살을 마실 때 눈부시듯이
평화는 우리들의 숨결의 가장
골 곧은 자리에서 머물게 될 때
거기에 있다

-「평화는 경건한 자리에 있다」 부분

"나무가 열매를 맺고/ 쉬임없이 향기를 가꾸는 까닭이 무엇인가"의 물음은 시적 화자의 모습으로 읽어낼 수 있다. 그런 시적 화자가 찾은 결론은 "평화는 우리들의 염원"으로 귀결된다. 유나영의 이 시에서 평화는 인간 생명의 근원적인 뿌리에 해당한다. "영광의 자리에 평화가 있지 않은가"나 "평화는 짙푸른 꿈의 자리에 있다"는 삶에 잇닿아 있는 생명의 원천임을 상기시킨다. "꿈은 내일의 환희와 더불어 있다"는 평화의 의미를 더욱 강조하고 있다. '평화'를 향한 강렬한 바람은 시인의 살아온 삶과 시대적 삶이 세상에 바라는 간절한 희망의 노래이다. 이 시에서는 "나무가 바람을 거느리고/ 햇살을 마실 때 눈부시듯이" 생명의 근원으로서 "평화는 우리들의 숨결의 가장/ 골 곧은 자리에서 머물게 될 때/ 거기에 있다"라고 강조하고 있다. 또한 인간이 올바른 마음자리를 갖게 될 때 평화는 그 곳에 자리를 잡을 것이라는 의미를 형성하고 있다.

유나영 시인은 쓸쓸함과 묵은 그리움을 묵묵하게 다스리고, 그 자리에 평화를 깃들게 하는 시인이다. 시인의 평화는 다양한 심상을 통해 형상화된다. "사랑은/ 원래 열망의 찌꺼기에/ 빛나는 것이어서/ 풀피리 한 곡을 구성지게 불게"(「맨 처음의 사랑」)하는 것으로 평화의 종소리가 울린다. 때로는 "산고랑 우물 고운 수렁에서/ 개구리 울음"(「내변산 개구리」)으로 울기도 한다. 김규동 시에 붙여 쓴 "당신의 숭고한 삶을 봅니다"(「어머니는 다 용서하신다」)라는 구절에서는 거대한 사랑의 소리에 귀 기울여 듣는 장면이 섬세하게 만져진다. 그는 자신의 '경험'과 '그리움'의 기억을 통해 잃어버린 시간을 떠올리면서 존재의 근원을, 봄을 느리게 더듬으며 찾아가는 초록의 색깔로 탐색해간다. 이번 시집에서 시인은 "살아온 시대의 삶이 무엇이었던가"(「자서」)를 회상하면서 살아온 삶의 뿌리에 더 깊이 다가가는 사유의 시학을 보여준다. ▪